ADVANCED
SUDOKU
and other
Japanese Mind Puzzles

Advanced Sudoku

Published in the United States by Thunder's Mouth Press
245 West 17th Street, 11th Floor
New York, NY 10011

A V A L O N
publishing group incorporated

Puzzles copyright © 2005 Nikoli, supplied under licence by
Puzzler Media
www.puzzlermedia.com
Layout copyright © 2005 Carlton Books Limited

Library of Congress Cataloging-in-Publication Data is available.

ISBN 13: 978-1-56025-853-7
ISBN 10: 1-56025-853-5

10 9 8 7 6 5 4 3 2 1

Printed in Great Britain

Typeset by E-type, Liverpool

Distributed by
Publishers Group West
1700 Fourth Street
Berkeley, CA 94710

ADVANCED
SUDOKU
and other
Japanese Mind Puzzles

Addictive, handcrafted number &
logic puzzles from their inventors

THUNDER'S
MOUTH
PRESS

Contents

Introduction

I was dining at a restaurant near London with Japanese publishers Nikoli when a woman at a nearby table leaned across and asked "Are you responsible for those bloody Sudoku puzzles? They're keeping my husband awake all night. I can't get any sleep."

Somewhat sheepishly, I had to admit that yes, I might have been at least partially to blame. As Publishing Director at Puzzler Media – the world's largest provider of puzzles – I was responsible for the first appearance of Sudoku puzzles in the UK, nearly two years ago, and also behind the country's first magazine dedicated to Sudoku puzzles. My companions at dinner had created the Sudoku puzzle as we know it today, as long ago as 1984.

The puzzle itself is disarmingly simple; hardly the kind of thing that you would think could cause sleepless nights. It involves arranging the digits 1 to 9 in a nine-by-nine grid so that no number is repeated in any row, column or three-by-three box. Some numbers are given.

Since *The Times* started to run a daily puzzle, almost all of the national newspapers have followed suit. A massive and fervent audience has suddenly materialized for this diminutive and unassuming puzzle. The pace of its ascent has left us a little breathless. Who could have guessed this would happen? What is it about this puzzle that has so captured the public imagination? Where does it come from? Read on...

Tim Preston

How to Solve Sudoku Puzzles

The rules of Sudoku are very easy to understand and they bear repeating: the object is to place the numbers 1 to 9 in each empty cell so that each row, each column and each 3x3 block contains all the numbers from one to nine.

Let me say straight away that the best approach to solving Sudoku puzzles is to dive straight in. If it helps, tell yourself that solving a Sudoku puzzle requires no knowledge of mathematics. If you can count to nine, you can do it!

Having said that, let me describe three basic solving tips.

1 Stepping stones
Study the picture below and look particularly at the central 3x3 block. You have to place a number 1, but it can't fall in the same row or column as any other 1. In this instance, there's only one position for the 1. Using this method, you can quickly identify the positions of the other 1s.

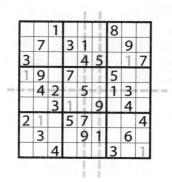

2 Row, box and column
It is possible to zone in on a single cell and, by taking account of the other numbers in the row, column and 3x3 box in which it

appears, identify the digit that must appear in that cell. Look at the shaded cell in the picture below. If you consider the numbers that are already in the row, the column and the 3x3 box, you can see that the only number that can fit here is an 8.

4		1	9		7	8		3
	7		3	1		4	9	
3		9		4	5		1	7
1	9		7	3	4	5		
	4	2		5		1	3	9
		3	1		9		4	
2	1		5	7	3	9		4
	3		4	9	1		6	5
9	5	4				3		1

3 Exceptions

This is a slightly more tricky approach. Here, you need to consider which numbers cannot go in certain cells. Take a look at the picture below. In the central block at the bottom of the grid, we know that we need to place the numbers 2, 6 and 8. We don't yet know the order, but we know they are there. This means that these numbers (2, 6, 8) can't go in any other block along that row. Now, if we look at the bottom-left block, along the bottom row, we can see that the only number that will fit in the empty cell is a 5.

4		1	9		7	8		3
	7		3	1		4	9	
3		9		4	5		1	7
1	9		7	3	4	5		
	4	2		5		1	3	9
		3	1		9		4	
2	1		5	7	3	9		4
	3		4	9	1		6	
9	5	4	268	268	268	3		1

If you can master these three rules, you're well on the way to becoming a Sudoku Master. Don't rush, never guess, and you'll get there. Good luck!

4	2	1	9	6	7	8	5	3
6	7	5	3	1	8	4	9	2
3	8	9	2	4	5	6	1	7
1	9	8	7	3	4	5	2	6
7	4	2	8	5	6	1	3	9
5	6	3	1	2	9	7	4	8
2	1	6	5	7	3	9	8	4
8	3	7	4	9	1	2	6	5
9	5	4	6	8	2	3	7	1

How to Solve Bridges Puzzles

Each circle containing a number represents an island. The object is to connect each island with vertical or horizontal bridges so that:

- the number of bridges equals the number inside the island;
- there is a continous path connecting all the islands.

There can be up to two bridges between two islands. Bridges cannot cross islands or other bridges.

Example

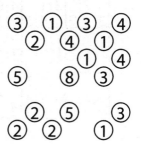

The central 8 must have two bridges to each of its adjacent islands. The 4 in the top-right corner must have two bridges going to each

of the two points to which it can connect. The 3 in the top-left corner must be connected to the 1 on its right …

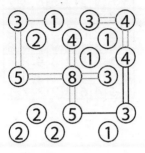

As ruler of the island group, you must build bridges to ensure citizens can travel between all the islands.

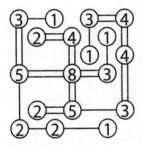

How to Solve Slitherlink Puzzles

Connect adjacent dots with vertical or horizontal lines so that a single loop is formed with no crossings or branches. Each number indicates how many lines surround it, while empty cells may be surrounded by any numbers of lines.

Example

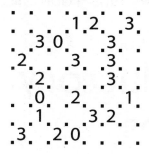

You can't draw lines around 0, so mark these sides with an x. This decides the sides for certain numbers; eg, where a 3 is adjacent to a 0. The objective is to form a single loop, so the line can be extended as shown.

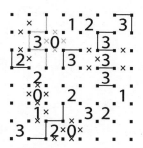

Slitherlink provides countless challenges using very simple rules. As your skill improves, you will spot other patterns that help you to complete the loop.

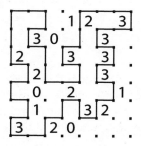

Introductory
Puzzles

1			6		8		3	
	2			4		9		7
		3			7		6	
2			4			1		8
	9			5			2	
3		8			6			5
	8		3			7		
9		2		6			8	
	3		1		4			9

	3	7		6	5			
5			7			8		6
4			1			5		
	4	8		3	9			
			5	8		4	3	
		3			4			8
2		5			7			9
			3	9		1	6	

	2	3	9					
	4		1			9	2	7
	9	8	4			5		6
						8	1	9
5	3	9						
4		6		9	3	7		
9	7	1		5			4	
				8	6	9		

	5				7			6
		9	2			5		
				6			3	
1			5	7				
	2						4	
				1	9			3
	6			3				
		4			8	7		
8			1				2	

	1				8		7	
5		6		2		1		3
	3				1		8	
4		3		1				
	7		3		9		1	
				8		9		2
	2		8				9	
6		8		9		4		7
	4		2				6	

	1						8	
7	9			1			3	5
			2		6			
		8	3		9	6		
	3						2	
		2	4		8	7		
			5		7			
3	8			6			1	7
	2						5	

8			3		9			1
		2				4		
	1			7			2	
4			1		3			5
		1				6		
6			5		7			8
	7			4			3	
		6				9		
3			2		5			7

4								
	1				7	8		
		6	2		3	5	1	
		5	9			7	2	
				4				
	8	2			6	3		
	3	7	8		1	4		
		9	5				8	
								6

	7				9	6		
5				1				2
3			4			8		
		5					7	
		8	9	2	6	3		
	6					4		
	9				5			8
4				8				5
		1	7				6	

2				7	5			
					9	3		
						6	8	
							3	2
7				4				9
1	6							
	9	3						
		5	7					
			6	2				8

			3					
			1	2	4	8		
9						5		
1						7		
8	7	5				6	9	1
		4						2
		6						3
		2	4	8	6			
					5			

6			4			5		7
	1			2				
		3					4	6
7				5			9	
		8	9		3	1		
	6			4				2
2	7					9		
				8			3	
8		6			5			1

	8	1						
5			7			2	4	
4				8	5			3
	9		8				5	
		7		1		4		
	3				7		9	
6			1	5				9
	7	8			9			2
						6	8	

							8	
	4	6				7		
7			3		5			9
3	9			7			2	
		1				3		
	8			2			5	4
5			7		8			3
		3				6	1	
	2							

		4					6	
		5	8				2	3
6	1				4	5		
	8					6		
				7				
		3					4	
		1	2				3	4
5	3				6	7		
	7					8		

		2	5		8	4		
		1	6		7	9		
8	3						7	2
6	7						5	4
4	5						6	1
9	6						2	3
		4	7		2	6		
		5	3		9	1		

1								4
	2						7	
		5	9	3	7	2		
	9			1			8	
3				7				1
	7			8			2	
		2	5	9	1	6		
	8						9	
4								3

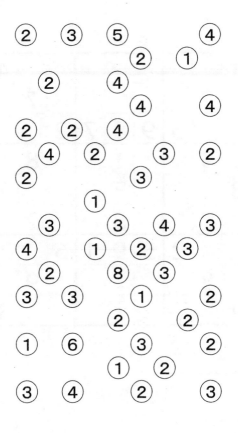

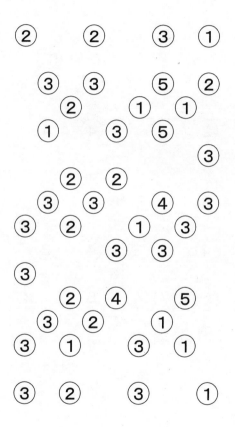

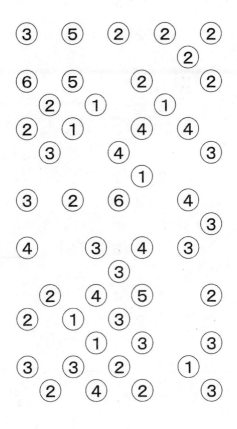

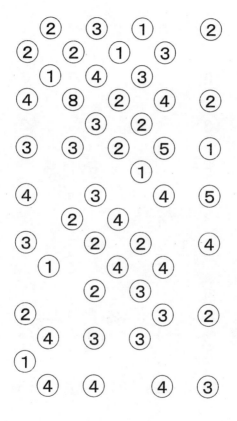

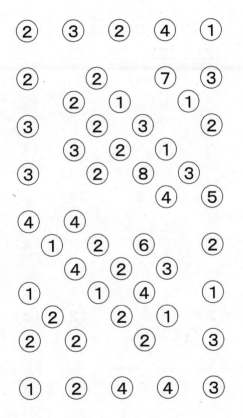

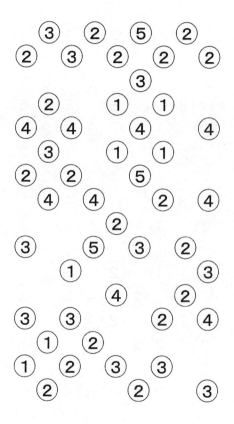

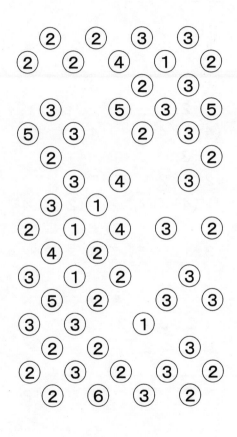

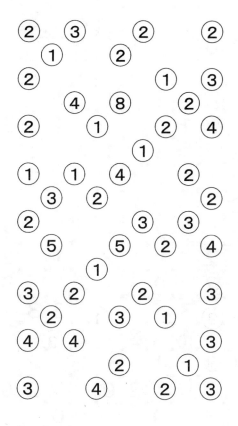

26 Slitherlink

		0				1			3
		3				2		3	
2	0			1	1				
			0			3		2	1
			2		1		1		
	2	1					1		3
2			3		1	2		1	
2		1		1				2	
0				2		3	2		
		3	2		1				2
	2				2		1		2
	2		0	3		2			3
3		3					2	3	
		1		3		2			
1	3		1			1			
				2	0			2	0
	3		0				0		
3			2				3		

27 Slitherlink

	1	3			1	2	1	2	2
1			3						
2			1			1	3	1	
	1	3			3			2	
2			3		1		3		
2			1	2			2		3
0						3			2
2			0	3	1				0
2			3						1
3						2			0
1				2	1	2			1
2			2						1
2		3			2	3			1
		0		3		2			1
	2			2			1	1	
	0	2	3			1			1
						1			1
2	1	2	2	2			1	2	

```
.1 .3 .1 2 .3 .0
      3      1
.3    2      1      2
    2   0 3    1
.0    3      1      2
    1                1
.3    1      3      1
    1   1 2   2
.1    2      3      3
.3    1      0      1
    3   2 1   3
.1    3      0      0
  1                1
.3    2      3      1
    3   2 2   2
.3    3      2      1
    2        2
.3 .1 .0 2 .3 .3
```

```
    3                   3
    0       3 0         0
    3       1       1   1
            3 2
1                           0
0     3     3 1     3       2
1           1       0       3
            1 2
    2 1               1 3
    2 0               3 1
            2 2
2         3         3       2
0     3     2 3     0       2
1                           0
            1 1
    3     3       2     2
    1       3 3         3
    0                   0
```

30 Slitherlink

	3		0			3		1	
2			3			2			1
		2					2		
	2		3			1		3	
1									3
		3	2			3	3		
	0							1	
				2	1				
2			3			3			1
1			0			1			0
				2	1				
	3							0	
		3	3			1	1		
1									1
	3		2			2		2	
		3					3		
0			1			3			3
	1		3			1		2	

			3				3		
2	3	0	1				0		
							3	2	0
		0	2	1	1				
		1			2				
		3			1			3	0
		2	2	1	2			2	
								2	
1	2			2	1			3	
	0			3	2			3	1
	3								
	2			3	2	0	1		
2	1			0			1		
				2			1		
				0	1	2	2		
1	3	3							
		2				1	3	3	3
		1				1			

2 2 1 1 3 1 1 3

3

3 2 0 2 0 2 1 2

1

3 3 2 1 2 2 2 3

1

3 1 1 0 2 3 2 2

2

3 1 2 3

2 1 3 3

0

3 2 0 2 2 3 1 1

2

2 3 1 0 3 1 1 3

1

2 2 2 2 2 2 2 2

1

3 1 3 1 2 2 1 2

		1			1				2
	2		0			3	0	2	
		3			2				2
2				1			3		
	2	3	1			1		0	
1				3			2		
		3			0				3
	1		2			2	1	3	
		0			2				1
1				1			3		
	3	3	1			2		0	
0				1			1		
		3			3				1
	0		1			1	2	1	
		2			0				1
0				2			1		
	1	1	3			2		3	
1				1			0		

Medium Puzzles

						8	5	
1	4						6	
8				7	3			
		5	3		7			
		3		9		2		
			2		5	3		
			1	3				2
	8						9	4
	9	6						

				9				3
	8				2		9	
		6				7		
			6				5	
3				5				4
	2				8			
		5				6		
	9		7				2	
7				4				

6				1				7
4		7				2		5
		2		3		9		
7				4				2
		5	7		9	1		
8				6				3
		3		7		5		
9		6				8		4
2				9				6

		2	6					
	3		9					7
	5			4		6		
6						2		
	7		3				4	
	1							8
	4	2				3		
8			7			9		
			1		6			

	8			4				
7					1	4	2	
		6	3					9
		9	2					4
3								5
6					9	1		
2					6	7		
	5	7	9					8
				7			3	

1	2				6	7		8
		3		5				9
9			4				2	
8						4		
	7						9	
		6						3
	5				9			4
4				1		8		
3		2	6				5	1

				7	4			
			8			5		
	3	2	1			6		
4						1	9	
5								8
	6	7						3
		8			9	4	7	
		1			3			
			5	6				

						9		
	1			6	4	5	3	
3	2	4				7		
	5			8				
	3		4	7	6		9	
				3			6	
		3				1	2	8
	4	6	8	2			5	
		9						

			7	8				
		5			9			
		3					2	4
			1		7		6	
1	7						4	9
	8		6		3			
6	5					7		
			4			9		
				6	2			

	5				8	9		
			1					5
1			2	3				
2						1	3	
		8				2		
	7	9						6
				8	1			4
8					9			
		6	3				5	

			7		6		8	
9		4				5		
	2		9				3	
7						8		2
			6		9			
3		5						4
	4				2		7	
		8				6		1
	9		3		5			

1				2				3
		6				9		
	4		8		3		5	
		2				1		
4				5				6
		1				8		
	5		7		6		4	
		3				2		
7				8				9

				7	9		4	
		8			6	3		
	9	6			8			
	4						9	
			2			8	5	
		2	5			6		
	7		8	3				

	4	9	1		6			
7					3			
1					4			
8						3	1	7
6	2	7						9
			8					1
			7					2
			5		2	4	9	

1	2	3		5	8	6		
5	4				3		1	
2			1			9		
		4		7				
7			8			2		
9	8				4	7		
4	6	1		9	2	3		

					6		7
	3	2					5
7			4				
				8		9	
	2		3		4		
4		9					
				7		2	
8					6	3	
6		9					

	3				6	5		
	7			1			9	2
8				5				
3								
	2	6				8	4	
								1
				7				5
1	9			3			8	
		5	1				2	

		7				8		
	5			2			9	
9		3				7		1
			4		8			
	3						6	
			7		5			
4		9				3		5
	2			8			7	
		1				4		

3				4				
	4						7	
		1	2		5	6		
		3			7	8		
2								7
		5	6			1		
		7	8		2	3		
	6						9	
				9				8

			6		7			
			3			9		
	7	8				5		
7							8	4
3	2							6
		4				2	5	
		5			6			
			9		3			

8				5			3	
	3			2			7	
		4			1	9		
			6					
7	4	6				5	2	8
					2			
		5	9			7		
	1			8			4	
	8			6				2

				1		7		
	7		3		5			
4					8			6
6		4				1		
	1			4			7	
		8				3		2
5			9					3
			2		4		6	
		6		8				

3			7			6		9
		1		8			3	
	8				9			
1	7					3		
	2						4	
		3					1	5
			4				7	
	9			5		8		
2		8			6			3

					2	9		
	9	3					5	
2			6				7	
6						8		
				5				
		7						3
	3				9			4
	5					2	8	
		9	7					

9							1	
			6	5			2	
		7			4	3		
		8						4
	9		2		6		3	
1						2		
		6	7			1		
	5			8	9			
	4							7

	2	1	6	7			8	
	6		8		2	1	7	
		3		2		8	1	
	1		4		6		3	
	5	9		8		7		
	3	7	2		8		9	
	8			9	4	2	5	

							6	
	8	1	2		4			7
	9				5			
	5				8	9	3	
	2	7	1				4	
			9				1	
6			7		3	5	8	
	4							

2	9					6		
		5	7			1		
				8	6			
4			9			2	8	
3			6		8			7
	7	9			1			3
			4	7				
		4			9	5		
		3					4	1

	7				5			
	9			6			8	4
		5				9		
4			2		6			
	1			8			6	
			9		4			8
		7				1		
9	3			7			2	
			3				5	

		4			8	9		
	3		5				6	
2				6				1
1							4	
		9	8		4	5		
	8							7
5				9				8
	6				2		9	
		3	4			1		

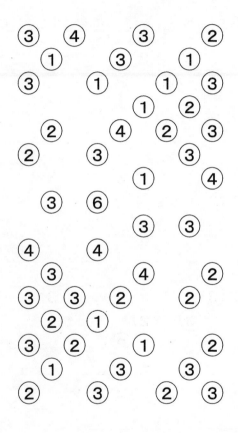

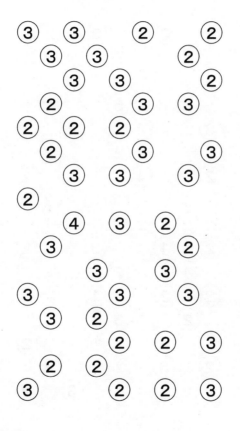

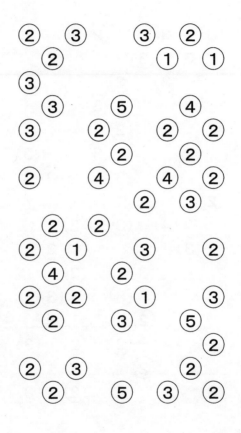

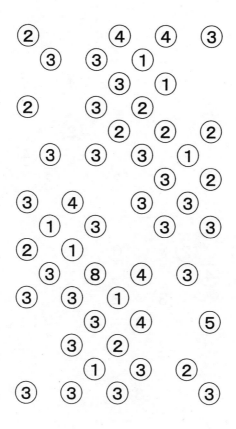

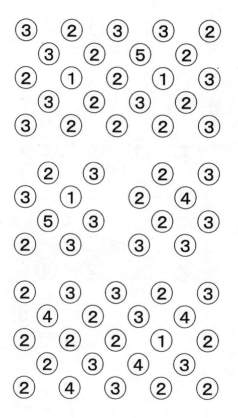

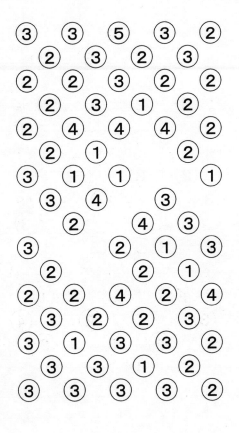

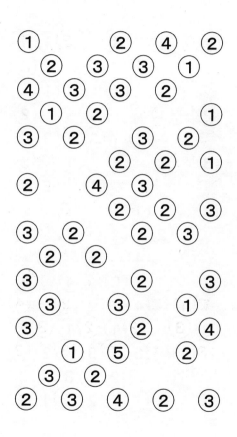

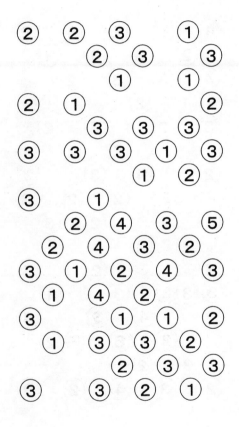

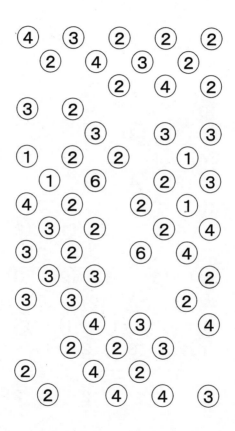

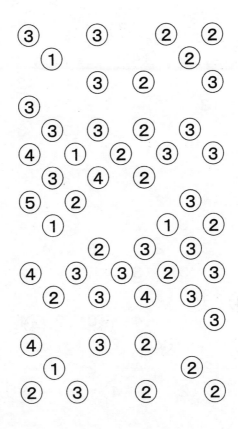

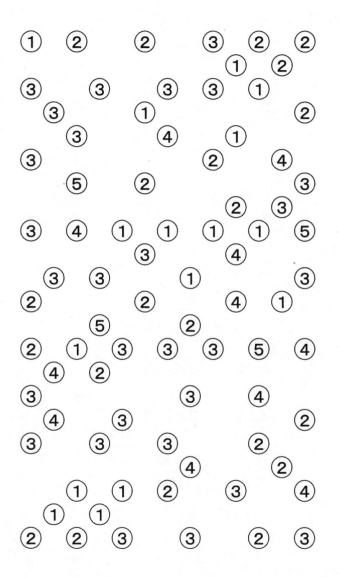

	3	1		1	0		3	1	
0									2
1			0			2			1
			2			2			
	1	3		1	2		0	2	
3			0			1			1
	3		1			2		0	
	2			2	2			1	
1			2			1			2
2			3			2			0
	0			2	0			2	
	1		2			2		3	
3			2			2			1
	2	1		1	2		1	1	
			3			0			
1			0			2			1
3									1
	3	2		3	1		0	1	

77 Slitherlink

1	3	1	2			3	3	1	2
			1			1			
3	2		3			3		1	0
	1							2	
	3		2			1		2	
			1			2			
3	0	1	0			3	2	2	1
0	1	3	2			3	2	2	0
			1			2			
	2		3			0		1	
	0							0	
1	1		2			1		3	2
			1			1			
1	2	0	2			3	2	1	2

			3		2		1		2
2		3					2		3
2		2		1	2	0			
0		1						1	1
				3	1	2			
	3	0	2					2	2
					2		3		
	2	2	2		2		2		1
2					2		2		1
1		2		1					0
0		1		3		1	3	1	
		0		2					
1	1					2	1	3	
			3	3	3				
3	1						1		2
			2	0	2		1		1
2		2					0		3
2		2		1		3			

79 Slitherlink

80 Slitherlink

			3					2	
2	1	2	0		3	1	0	3	
			2					3	
	3					3			
	1	3	1	3		2	2	0	1
	1					1			
			0					3	
2	0	2	3		0	2	2	1	
			2					3	
	3					3			
	2	3	1	0		1	3	3	2
	2					2			
			2					1	
2	3	1	2		2	1	1	3	
			1					3	
	1					1			
	2	0	3	2		2	3	3	2
	3					0			

81 Slitherlink

3	1			1			2		2
		1				1		2	
0		3				3			
2			2	3			0	3	
					3				1
	2	0			2				3
0			2			3	2		
2			3					0	
		1			2	0		2	
	3		2	2			1		
	1					1			1
		2	2			3			3
3				0			2	3	
3				1					
	2	2			1	2			1
			3				0		2
	3		0				2		
2		1			0			1	3

```
      3              1
 3    0    2 3    1    0

    2    2      1    3
 2 0    1 0 2 0    2 3
    1    2      2    1

 3    3    0 2    0    1
      1              2
      1              1
 2    0    1 3    3    1

    1    2      1    1
 2 3    1 0 2 1    1 0
    3    1      2    2

 1    1    3 3    2    0
      1              1
```

```
.   . 3 3 .   . 1 .   . 2 .   . 2 0 .   .
. 3 .   . 1 .   2 .   . 1 . 1 .   . 1 .
. 1 .   . 2 .   . 0 3 .   . 1 .   . 3 .
.   .   . 2 .   .   .   . 0 .   .   .   .
.   . 2 0 .   . 3 .   . 2 .   . 2 3 .   .
. 0 .   . 1 . 3 .   . 0 . 3 .   . 1 .
. 2 .   . 2 .   . 1 3 .   . 3 .   . 1 .
.   .   . 0 .   .   .   . 1 .   .   .   .
.   . 2 2 .   . 1 .   . 1 .   . 2 3 .   .
. 2 .   . 2 .   . 3 3 .   . 3 .   . 2 .
. 3 .   . 2 .   .   . 1 .   .   . 1 .
.   . 0 3 .   . 3 .   . 2 .   . 3 1 .   .
.   . 1 2 .   . 0 .   . 0 .   . 1 1 .   .
. 1 .   .   . 2 .   .   . 2 .   .   . 1 .
. 2 .   . 3 .   . 2 3 .   . 3 .   . 1 .
.   . 3 1 .   . 3 .   . 1 .   . 1 0 .   .
.   .   .   . 3 .   .   . 3 .   .   .   .
. 3 .   . 2 .   . 3 1 .   . 2 .   . 1 .
. 1 .   . 1 . 3 .   . 2 . 3 .   . 2 .
.   . 2 3 .   . 2 .   . 0 .   . 3 3 .   .
.   .   .   . 1 .   .   . 3 .   .   .   .
. 2 .   . 3 .   . 1 3 .   . 1 .   . 2 .
. 1 .   . 0 . 3 .   . 1 . 1 .   . 1 .
.   . 3 3 .   . 2 .   . 2 .   . 1 3 .   .
```

84 Slitherlink

	0						3					3	
1	2			3		3			3			2	0
				3			0		3				
				3		1			1				
	3	1	3				3			1	0	3	
						1							
0				2			1		2				1
2			3	2		3			0	2			0
	2			0					3			1	
	1			1		3	3		2			3	
		2									2		
0			3		1			2		1			3
1			2		1			2		1			2
		3									2		
	3			1		3	3		2			3	
	2			3					3			1	
3			1	2			1		0	3			0
1				3		3			2				1
							3						
	2	3	2			1				2	1	3	
				3			2		2				
				0		3			1				
2	0			3			1		3			3	3
	3					1						0	

```
3   3     2   3     1   3
  3   3     3   2     3   3
1   1     2   2     1   1
  3   3     3   3     3   1

3   1     0   1     1   3
  3   3     1   1     1   3
3   1     1   1     3   3
  1   3     0   1     1   1

0   1     0   3     3   3
  1   1     3   0     3   1
0   1     0   3     1   1
  1   1     3   0     3   3

3   3     1   1     2   3
  0   3     1   1     2   2
3   3     1   1     2   3
  0   3     1   0     3   3

1   1     3   3     1   1
  1   1     0   3     1   1
1   1     3   3     0   1
  0   1     0   3     1   1
```

		3	2	3			1	2	3			1	2
2						0				1	1		
0						2						3	
	1			3	0				2			3	
	1					1	0		0			2	
	3			0	1				3				
		1				1			1		1	1	3
		0				2			3				
0		3		3	3				2			2	
1		2				2	2			2		0	
2			3					3		1		3	
			3			3		2		2			
			2		1		3			1			
	3		1		3					2			1
	1		2			1	3				3		1
	1			2				1	0		1		0
				2			1				2		
1	3	2		2			2				3		
				1				3	2			2	
	3			0		1	2					1	
	3			3				0	2			2	
	3						2						2
		1	1				1						0
1	0			1	3	2			0	2	3		

87 Slitherlink

```
  3 2       0       1       1 1
3       1     1       1   3       2
  1 3           1 3         0 3
        0               1
3 3       2             3       2 1
    2 1     2 3 1 1     2 1
1 2       1             3       3 1
        3               3
0       2       3 0       2       1
1       1     1       2   1       3
    3 3       0       3       2 1
1       1     3 1       3       0
1       3     2 1       3       2
  3 2       3       3       2 1
2       1   2       1   3       1
1       3     1 0       1       2
        1               3
3 1       2           1       2 0
    1 2     3 1 3 3     3 1
1 2       1           2       3 2
        0               1
  1 2         2 2         2 0
0       3   2       2   3       3
  3 1       0       3       1 1
```

Difficult Puzzles

	8			1			6	
		1			5			8
7						1		
		3						4
	2			6			7	
5						3		
		4						1
1			2			5		
	6			7			2	

		3						
		2	4		1		9	
9	1				2			
	8				3	4	5	
				4				
	7	6	5				1	
			6				2	3
	2		7		9	8		
						7		

				5				3
	1					9		
		2			6			
8					7		5	
	6						1	
	9		3					4
			1			8		
		7					2	
4				9				

					5	8	4	
		2	3					
6	7			1			3	
4				2				
1								9
				3				7
	3			4			2	6
					3	7		
	5	8	9					

			9				8	
6	1			7			9	
		2				5		
			1		2			7
	5						4	
8			3		4			
		9				3		
	7			6			2	8
	4				5			

				2	3	4	9	
1				6	8			
2								
5	8							
9	4			7			6	3
							2	5
								1
			9	4				7
	6	3	2	5				

3						5		
		9	6	8				
	1			4				7
	6		2					
	7	5				1	3	
					9		4	
2				3			8	
				1	7	9		
		4						6

						5	6	4
	1	2	9					
		3		8				
		6						3
	2		6		5		7	
7						8		
				4		1		
					7	6	9	
2	5	8						

		1	9			3		
						2		
7	6			2				9
3				6				5
		2	1		3	4		
4				9				3
1				3			9	7
		4						
		5			8	6		

			2		9			
		7				8		
	3			4			6	
9								7
			4	8	3			
2								5
	4			5			9	
		8				3		
			7		6			

			8			5		
		4					6	
	1			9				7
6			1				8	
		7				3		
	2				5			4
5				7			1	
	3					6		
		9			4			

		2						
	8		2				6	
7				9				8
	4				1			2
5		3				4		1
6			9				3	
9				8				5
	7				5		4	
					3			

9		1			5			8
		2			6			
4	3			7				
			8				6	7
		9				5		
2	1				4			
				3			7	6
			2			8		
3			1			9		5

8					3			
	5					4		
2				7			6	
			1					5
		3				9		
6					4			
	7			2				3
		4					1	
			9					8

1							5	
	2			6	5			8
		3				4		
			4				3	
	7			5			2	
	8				6			
		9				7		
5			1	2			8	
	4							9

7			6				3	
	5			1	2	8		
9								
		6	4					9
		8		6		3		
4					3	5		
								1
		4	9	3			2	
	2				4			3

6			9				2	
	5				7			9
			2			8		
	4			3				7
		1				4		
2				1			9	
	5				6			
1			8				3	
	6				5			4

			1	2	3			
		1				5		
8								3
	1						4	
	9		8	6	4		5	
	2						9	
5								9
		3				4		
			7	8	9			

6	7						8	1
3				9				5
		5				9		
	1		3		4		2	
	4		6		7		5	
		7				2		
4				6				7
2	5						9	4

	9				4			7
					7	9		
8								
4		5	8					
3								2
					9	7		6
								4
		3	5					
2			6				8	

				1				8
	7		2			5		
6			3				9	
9				4			5	
		2				1		
	3			6				7
	5				7			3
		4			8		6	
1				9				

	6			2				
3			8		5			2
		5				7	1	
	4							
		3	9	4	6	1		
							3	
	3	9				5		
7			1		2			8
				7			4	

					4	5		
	3			2				7
6		8		9				
4			2			6		
	9						4	
		7			1			8
			3			8		9
5				6			2	
		1	7					

	6	8	4		1		7	
				8	5		3	
	2	6	8		9		4	
		7				9		
	5		1		6	3	2	
	4		6	1				
	3		2		7	6	9	

					4		5	
					3	7		
2		8			6			
5	4							
1								3
							2	8
			2			1		6
		3	7					
	7		5					

		1		8				
					5		3	
	7				4			9
		2	9					
6								8
					3	7		
9			6				2	
	3		7					
			1		4			

		3				7		
	2		4		6		8	
1				5				9
	9						1	
		8		4		2		
	7						9	
6				2				8
	5		3		1		7	
		4				6		

			1			2		
1		7		2		8		
	5				3			1
3						4		9
	2			7			5	
4		5						6
8			9				1	
		4		3		9		2
		9			7			

		4						
		6	5					
			8	9			1	2
5						6	7	
		3				5		
	2	9						8
6	1			7	9			
					4	3		
						8		

					1	2		
		9	8					
8					6		7	
7		5		3			6	
			2		9			
	2			1		8		3
	3		7					4
					4	5		
		6	5					

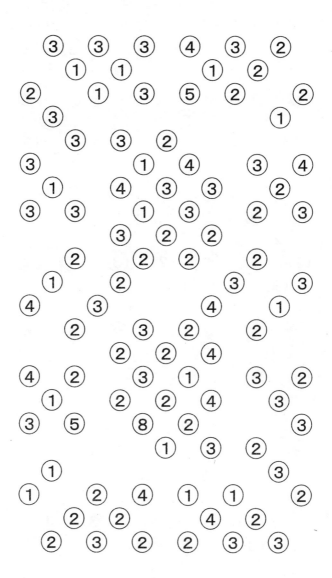

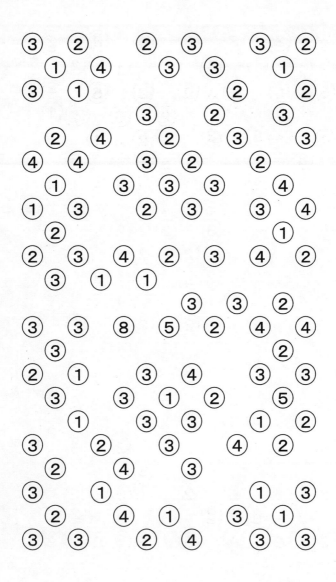

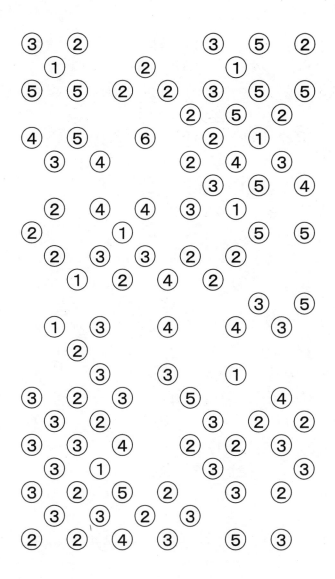

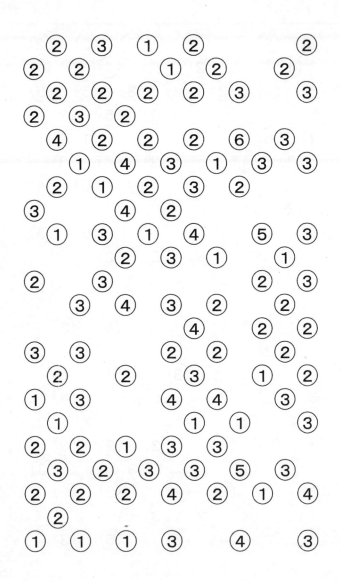

```
          1 1 1     1 1 0
    1 1                   3 1
    1       1     1 3   1       3
 0      3   1       1   1         1
 1    0   3     1 1   1     1     1
 1       1   1       1   1       1
    1       1     1 1   1       1
    0 1                   3 0
          3 1       2 3
 0 1       1 2       2 1       3 2
 2                             1
    3 2       2 1       2 0
          1 1       1 0       1 2
 3                                 2
 1 3       1 2       1 1       2 0
          2 3       1 0
    2 2                       2 3
    0       2   3 2   2       2
 2       3   2       3   3         2
 2   2   2   2 2   2   3     3
 2       2   2       3   2         2
    2       3   2 2   2       2
    3 2                       2 0
       2 0 2       2 2 3
```

```
. 2 2 2 . 1 . 2 . . . . 0 . .
. . . . 2 . 2 . 1 2 1 . 1 2 .
. . 3 . . . 2 . . . . 1 . . .
. 2 . 1 2 0 . 3 2 1 . 2 . 2 .
. . 1 . . . 2 . . . 3 . 2 . .
1 . 2 0 2 . 3 . 2 . . . . 1 .
. 2 . . . . 1 . 3 . 1 2 3 . .
. 1 . 2 . . 2 . . . . . 2 . .
. 3 . 1 . 3 3 2 . 3 2 2 . 1 .
. . 2 . . . 2 . . . 2 . . . .
2 2 3 . 3 1 2 . 3 . 3 . . . .
. . 2 . . . 1 . 2 . 1 2 . . .
0 2 . 3 . 2 . . . 3 . . . . .
. . 1 . 2 . 3 1 3 . 1 1 1 . .
2 . . . . 0 . . . 1 . . . . .
2 . 2 3 2 . 1 1 1 . 2 . 1 . .
2 . . 2 . . . 1 . 0 . . . . .
. 2 2 3 . 3 . 1 . . . 3 . . .
2 . . . 2 . 1 . 2 1 2 . 2 . .
2 . 1 . . 1 . . . . 2 . . . .
0 . 1 . 0 2 0 . 3 3 1 . 1 . .
. 1 . . . 1 . . . 0 . . . . .
1 3 . 2 3 2 . 3 . 2 . . . . .
. . 2 . . . . 3 . 1 . 2 3 2 .
```

```
 . 3 1 2 1 . . . 3 2 2 1 .
 0 . . . 2 . 1 . . . . 3
 2 . 2 1 . 1 . 2 . 3 2 . 2
 3 . . . 1 3 . . . . . 1
 . 1 . 1 0 . 1 0 . . 3 .
 . . 3 1 . . . . 3 2 .
 . 2 . . . . . . . 1
 3 . 3 2 1 0 2 0 2 0 1 0 . 2
 . 0 . . . . . . . . 1
 . . 3 1 . . . . 0 3 .
 . . . 1 2 . 3 2 . . .
 0 1 . . . 0 2 . . 1 1
 2 2 . . . 1 2 . . 2 1
 . . . 0 3 . 3 3 .
 . . 0 3 . . . 2 2 .
 . 2 . . . . . . 1
 3 . 2 2 3 3 3 3 3 3 1 1 . 2
 . 1 . . . . . . . 1
 . . 2 2 . . . . 2 1 .
 . 1 . . 1 1 . 1 3 . 3
 2 . . . 0 1 . . . 1
 2 . 3 1 . 3 . 3 3 3 . 0
 2 . . . 0 . 3 . . 2
 . 2 2 2 3 . . . 1 1 1 1 .
```

125 Slitherlink

	3	1	3			3	1			2	1	1	
				1	0			2	3				
0	2					2	1					1	2
		1	3							1	3		
	1			1	1			3	3			2	
	0					3	2					1	
3			0	2					1	3			1
		1			1			3			2		
	1					3	0					0	
	2			3					2			2	
		0			1			3			1		
3			1			2	2			3			0
2			1			2	3			3			2
		0			3			2			2		
	3			0					3			1	
	2					3	2					2	
		2			2			1			3		
0			3	0					3	2			1
	2					3	1					3	
	1			2	3			2	0			3	
		2	2							3	2		
3	1					3	1					1	3
				1	1			3	3				
	3	1	3			2	1			1	0	2	

Introductory Puzzles

1

1	7	9	6	2	8	5	3	4
8	2	6	5	4	3	9	1	7
4	5	3	9	1	7	8	6	2
2	6	5	4	3	9	1	7	8
7	9	4	8	5	1	6	2	3
3	1	8	2	7	6	4	9	5
5	8	1	3	9	2	7	4	6
9	4	2	7	6	5	3	8	1
6	3	7	1	8	4	2	5	9

2

8	3	7	9	6	5	2	1	4
5	2	1	7	4	3	8	9	6
4	9	6	1	2	8	5	7	3
1	4	8	2	3	9	6	5	7
3	5	2	4	7	6	9	8	1
6	7	9	5	8	1	4	3	2
9	1	3	6	5	4	7	2	8
2	6	5	8	1	7	3	4	9
7	8	4	3	9	2	1	6	5

3

7	2	3	9	5	6	1	8	4
6	4	5	1	8	3	9	2	7
1	9	8	4	2	7	5	3	6
2	6	7	5	3	4	8	1	9
8	1	4	6	9	2	7	5	3
5	3	9	8	7	1	4	6	2
4	8	6	2	1	9	3	7	5
9	7	1	3	6	5	2	4	8
3	5	2	7	4	8	6	9	1

4

2	5	8	3	9	7	4	1	6
6	3	9	2	4	1	5	7	8
4	7	1	8	6	5	9	3	2
1	4	3	5	7	2	6	8	9
9	2	5	6	8	3	1	4	7
7	8	6	4	1	9	2	5	3
5	6	2	7	3	4	8	9	1
3	1	4	9	2	8	7	6	5
8	9	7	1	5	6	3	2	4

5

9	1	4	5	3	8	2	7	6
5	8	6	9	2	7	1	4	3
2	3	7	4	6	1	5	8	9
4	9	3	6	1	2	7	5	8
8	7	2	3	5	9	6	1	4
1	6	5	7	8	4	9	3	2
7	2	1	8	4	6	3	9	5
6	5	8	1	9	3	4	2	7
3	4	9	2	7	5	8	6	1

6

2	1	4	7	3	5	9	8	6
7	9	6	8	1	4	2	3	5
8	5	3	2	9	6	1	7	4
5	7	8	3	2	9	6	4	1
4	3	9	6	7	1	5	2	8
1	6	2	4	5	8	7	9	3
9	4	1	5	8	7	3	6	2
3	8	5	9	6	2	4	1	7
6	2	7	1	4	3	8	5	9

7

8	6	4	3	2	9	7	5	1
7	3	2	6	5	1	4	8	9
9	1	5	8	7	4	3	2	6
4	8	7	1	6	3	2	9	5
5	9	1	4	8	2	6	7	3
6	2	3	5	9	7	1	4	8
1	7	8	9	4	6	5	3	2
2	5	6	7	3	8	9	1	4
3	4	9	2	1	5	8	6	7

8

4	2	8	6	1	5	9	3	7
5	1	3	4	9	7	8	6	2
9	7	6	2	8	3	5	1	4
6	4	5	9	3	8	7	2	1
3	9	1	7	4	2	6	5	8
7	8	2	1	5	6	3	4	9
2	3	7	8	6	1	4	9	5
1	6	9	5	7	4	2	8	3
8	5	4	3	2	9	1	7	6

9

2	7	4	8	5	9	6	1	3
5	8	6	3	1	7	9	4	2
3	1	9	4	6	2	5	8	7
9	2	5	1	3	4	8	7	6
7	4	8	9	2	6	3	5	1
1	6	3	5	7	8	4	2	9
6	9	7	2	4	5	1	3	8
4	3	2	6	8	1	7	9	5
8	5	1	7	9	3	2	6	4

10

2	8	6	3	7	5	9	4	1
5	4	1	8	6	9	3	2	7
3	7	9	2	1	4	6	8	5
9	5	4	1	8	6	7	3	2
7	3	8	5	4	2	1	6	9
1	6	2	9	3	7	8	5	4
8	9	3	4	5	1	2	7	6
6	2	5	7	9	8	4	1	3
4	1	7	6	2	3	5	9	8

11

2	4	8	3	5	9	1	7	6
5	6	7	1	2	4	8	3	9
9	3	1	8	6	7	5	2	4
1	2	3	6	9	8	7	4	5
8	7	5	2	4	3	6	9	1
6	9	4	5	7	1	3	8	2
7	8	6	9	1	2	4	5	3
3	5	2	4	8	6	9	1	7
4	1	9	7	3	5	2	6	8

12

6	8	2	4	3	9	5	1	7
4	1	7	5	2	6	3	8	9
9	5	3	8	7	1	2	4	6
7	4	1	2	5	8	6	9	3
5	2	8	9	6	3	1	7	4
3	6	9	1	4	7	8	5	2
2	7	5	3	1	4	9	6	8
1	9	4	6	8	2	7	3	5
8	3	6	7	9	5	4	2	1

13

7	8	1	2	3	4	9	6	5
5	6	3	7	9	1	2	4	8
4	2	9	6	8	5	1	7	3
1	9	4	8	2	6	3	5	7
8	5	7	9	1	3	4	2	6
2	3	6	5	4	7	8	9	1
6	4	2	1	5	8	7	3	9
3	7	8	4	6	9	5	1	2
9	1	5	3	7	2	6	8	4

14

9	3	5	4	6	7	1	8	2
8	4	6	2	9	1	7	3	5
7	1	2	3	8	5	4	6	9
3	9	4	5	7	6	8	2	1
2	5	1	8	4	9	3	7	6
6	8	7	1	2	3	9	5	4
5	6	9	7	1	8	2	4	3
4	7	3	9	5	2	6	1	8
1	2	8	6	3	4	5	9	7

15

3	2	4	7	9	5	1	6	8
7	9	5	8	6	1	4	2	3
6	1	8	3	2	4	5	7	9
2	8	7	5	4	3	6	9	1
1	4	6	9	7	2	3	8	5
9	5	3	6	1	8	2	4	7
8	6	1	2	5	7	9	3	4
5	3	9	4	8	6	7	1	2
4	7	2	1	3	9	8	5	6

16

7	9	2	5	3	8	4	1	6
5	4	1	6	2	7	9	3	8
8	3	6	9	1	4	5	7	2
6	7	8	2	9	1	3	5	4
1	2	3	4	5	6	7	8	9
4	5	9	8	7	3	2	6	1
9	6	7	1	4	5	8	2	3
3	1	4	7	8	2	6	9	5
2	8	5	3	6	9	1	4	7

17

1	6	7	8	5	2	9	3	4
9	2	3	1	6	4	8	7	5
8	4	5	9	3	7	2	1	6
2	9	4	3	1	6	5	8	7
3	5	8	2	7	9	4	6	1
6	7	1	4	8	5	3	2	9
7	3	2	5	9	1	6	4	8
5	8	6	7	4	3	1	9	2
4	1	9	6	2	8	7	5	3

18

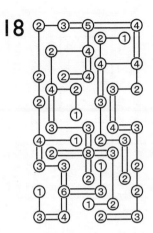

19

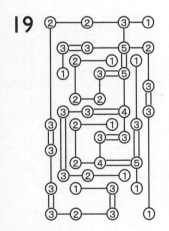

20

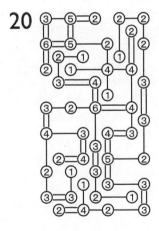

21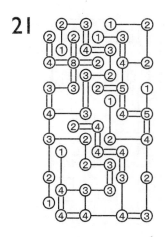

22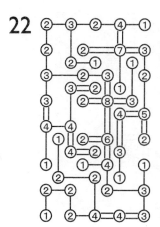

23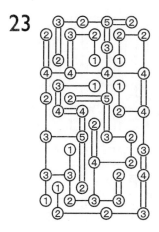

24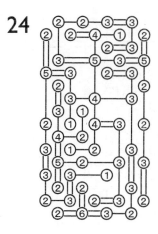

25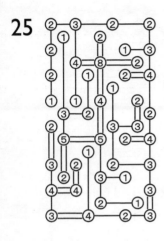

26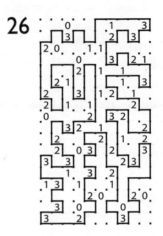

27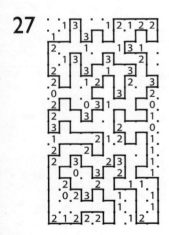

28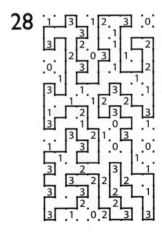

29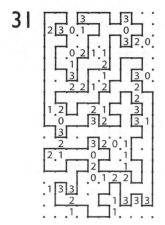

30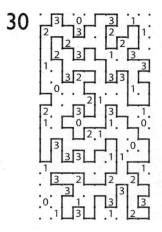

31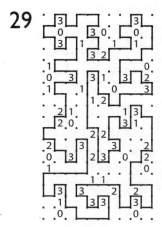

32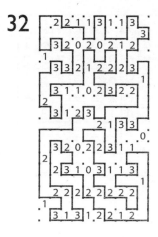

33

34

6	3	7	4	1	2	8	5	9
1	4	2	9	5	8	7	6	3
8	5	9	6	7	3	4	2	1
4	2	5	3	6	7	9	1	8
7	6	3	8	9	1	2	4	5
9	1	8	2	4	5	3	7	6
5	7	4	1	3	9	6	8	2
3	8	1	7	2	6	5	9	4
2	9	6	5	8	4	1	3	7

35

2	5	1	4	9	7	8	6	3
4	8	7	3	6	2	5	9	1
9	3	6	8	1	5	7	4	2
1	7	9	6	3	4	2	5	8
3	6	8	2	5	9	1	7	4
5	2	4	1	7	8	9	3	6
8	4	5	9	2	3	6	1	7
6	9	3	7	8	1	4	2	5
7	1	2	5	4	6	3	8	9

36

6	3	9	2	1	5	4	8	7
4	1	7	9	8	6	2	3	5
5	8	2	4	3	7	9	6	1
7	9	1	8	4	3	6	5	2
3	6	5	7	2	9	1	4	8
8	2	4	5	6	1	7	9	3
1	4	3	6	7	8	5	2	9
9	7	6	3	5	2	8	1	4
2	5	8	1	9	4	3	7	6

37

7	1	2	8	6	3	4	5	9
4	3	6	5	9	1	8	2	7
9	5	8	7	2	4	3	6	1
6	8	4	9	5	7	2	1	3
2	7	5	1	3	8	9	4	6
3	9	1	6	4	2	5	7	8
1	4	9	2	8	6	7	3	5
8	6	3	4	7	5	1	9	2
5	2	7	3	1	9	6	8	4

38

9	8	1	6	4	2	5	7	3
7	3	5	8	9	1	4	2	6
4	2	6	3	5	7	8	1	9
5	7	9	2	1	8	3	6	4
3	1	8	7	6	4	2	9	5
6	4	2	5	3	9	1	8	7
2	9	3	4	8	6	7	5	1
1	5	7	9	2	3	6	4	8
8	6	4	1	7	5	9	3	2

39

1	2	5	9	3	6	7	4	8
7	4	3	2	5	8	6	1	9
9	6	8	4	7	1	3	2	5
8	3	9	1	2	5	4	6	7
5	7	4	8	6	3	1	9	2
2	1	6	7	9	4	5	8	3
6	5	1	3	8	9	2	7	4
4	9	7	5	1	2	8	3	6
3	8	2	6	4	7	9	5	1

40

8	1	5	6	7	4	3	2	9
9	4	6	8	3	2	5	1	7
7	3	2	1	9	5	6	8	4
4	8	3	7	2	6	1	9	5
5	2	9	3	4	1	7	6	8
1	6	7	9	5	8	2	4	3
3	5	8	2	1	9	4	7	6
6	7	1	4	8	3	9	5	2
2	9	4	5	6	7	8	3	1

41

7	6	5	3	1	2	9	8	4
9	1	8	7	6	4	5	3	2
3	2	4	5	9	8	7	1	6
6	5	2	9	8	1	4	7	3
8	3	1	4	7	6	2	9	5
4	9	7	2	3	5	8	6	1
5	7	3	6	4	9	1	2	8
1	4	6	8	2	7	3	5	9
2	8	9	1	5	3	6	4	7

42

2	6	1	7	8	4	5	9	3
8	4	5	3	2	9	6	7	1
7	9	3	5	1	6	8	2	4
5	3	9	1	4	7	2	6	8
1	7	6	2	5	8	3	4	9
4	8	2	6	9	3	1	5	7
6	5	4	9	3	1	7	8	2
3	2	8	4	7	5	9	1	6
9	1	7	8	6	2	4	3	5

43

6	5	2	7	4	8	9	1	3
7	8	3	1	9	6	4	2	5
1	9	4	2	3	5	6	8	7
2	6	5	9	7	4	1	3	8
4	1	8	5	6	3	2	7	9
3	7	9	8	1	2	5	4	6
5	2	7	6	8	1	3	9	4
8	3	1	4	5	9	7	6	2
9	4	6	3	2	7	8	5	1

44

1	5	3	7	2	6	4	8	9
9	7	4	1	3	8	5	2	6
8	2	6	9	5	4	1	3	7
7	1	9	5	4	3	8	6	2
4	8	2	6	7	9	3	1	5
3	6	5	2	8	1	7	9	4
5	4	1	8	6	2	9	7	3
2	3	8	4	9	7	6	5	1
6	9	7	3	1	5	2	4	8

45

1	8	5	6	2	9	4	7	3
3	2	6	4	7	5	9	1	8
9	4	7	8	1	3	6	5	2
8	7	2	9	6	4	1	3	5
4	3	9	1	5	8	7	2	6
5	6	1	2	3	7	8	9	4
2	5	8	7	9	6	3	4	1
6	9	3	5	4	1	2	8	7
7	1	4	3	8	2	5	6	9

46

4	2	7	3	8	5	9	6	1
5	6	3	1	7	9	2	4	8
9	1	8	4	2	6	3	7	5
2	9	6	7	5	8	4	1	3
8	4	5	6	1	3	7	9	2
7	3	1	2	9	4	8	5	6
1	8	2	5	4	7	6	3	9
6	7	9	8	3	1	5	2	4
3	5	4	9	6	2	1	8	7

47

2	4	9	1	5	6	8	7	3
7	5	6	9	8	3	1	2	4
1	3	8	2	7	4	9	6	5
8	9	4	6	2	5	3	1	7
5	1	3	4	9	7	2	8	6
6	2	7	3	1	8	5	4	9
4	6	2	8	3	9	7	5	1
9	8	5	7	4	1	6	3	2
3	7	1	5	6	2	4	9	8

48

3	8	7	2	6	1	9	4	5
9	1	2	3	4	5	8	6	7
6	5	4	7	9	8	3	1	2
8	2	3	5	1	6	7	9	4
1	6	9	4	2	7	5	8	3
4	7	5	9	8	3	1	2	6
5	9	8	6	3	2	4	7	1
7	4	6	1	5	9	2	3	8
2	3	1	8	7	4	6	5	9

49

2	8	4	5	1	9	6	3	7
9	6	3	2	8	7	1	4	5
1	7	5	6	4	3	2	8	9
3	1	6	4	5	8	7	9	2
5	9	2	7	3	1	4	6	8
7	4	8	9	6	2	5	1	3
4	3	1	8	7	5	9	2	6
8	2	7	1	9	6	3	5	4
6	5	9	3	2	4	8	7	1

50

9	3	1	4	2	6	5	7	8
5	7	4	8	1	3	6	9	2
8	6	2	9	5	7	1	3	4
3	1	8	7	6	4	2	5	9
7	2	6	5	9	1	8	4	3
4	5	9	3	8	2	7	6	1
2	4	3	6	7	8	9	1	5
1	9	7	2	3	5	4	8	6
6	8	5	1	4	9	3	2	7

51

2	6	7	9	4	1	8	5	3
1	5	8	3	2	7	6	9	4
9	4	3	8	5	6	7	2	1
5	9	2	4	6	8	1	3	7
7	3	4	2	1	9	5	6	8
8	1	6	7	3	5	2	4	9
4	8	9	6	7	2	3	1	5
3	2	5	1	8	4	9	7	6
6	7	1	5	9	3	4	8	2

52

3	2	6	7	4	8	9	1	5
5	4	8	9	6	1	2	7	3
7	9	1	2	3	5	6	8	4
6	1	3	4	2	7	8	5	9
2	8	9	1	5	3	4	6	7
4	7	5	6	8	9	1	3	2
9	5	7	8	1	2	3	4	6
8	6	2	3	7	4	5	9	1
1	3	4	5	9	6	7	2	8

53

5	9	3	6	8	7	4	1	2
4	6	2	3	1	5	9	7	8
1	7	8	2	9	4	5	6	3
7	5	9	1	6	2	3	8	4
8	4	6	7	3	9	1	2	5
3	2	1	5	4	8	7	9	6
6	3	4	8	7	1	2	5	9
9	1	5	4	2	6	8	3	7
2	8	7	9	5	3	6	4	1

54

8	6	1	7	5	9	2	3	4
5	3	9	4	2	6	8	7	1
2	7	4	8	3	1	9	5	6
3	5	2	6	7	8	4	1	9
7	4	6	1	9	3	5	2	8
1	9	8	5	4	2	3	6	7
6	2	5	9	1	4	7	8	3
9	1	3	2	8	7	6	4	5
4	8	7	3	6	5	1	9	2

55

8	6	2	4	1	9	7	3	5
1	7	9	3	6	5	2	8	4
4	3	5	7	2	8	9	1	6
6	2	4	8	3	7	1	5	9
9	1	3	5	4	2	6	7	8
7	5	8	6	9	1	3	4	2
5	8	1	9	7	6	4	2	3
3	9	7	2	5	4	8	6	1
2	4	6	1	8	3	5	9	7

56

3	5	2	7	4	1	6	8	9
9	4	1	6	8	2	5	3	7
6	8	7	5	3	9	1	2	4
1	7	5	2	6	4	3	9	8
8	2	9	3	1	5	7	4	6
4	6	3	8	9	7	2	1	5
5	3	6	4	2	8	9	7	1
7	9	4	1	5	3	8	6	2
2	1	8	9	7	6	4	5	3

57

5	7	6	1	3	2	9	4	8
1	9	3	8	7	4	6	5	2
2	8	4	6	9	5	3	7	1
6	2	5	3	4	1	8	9	7
3	1	8	9	5	7	4	2	6
9	4	7	2	8	6	5	1	3
8	3	2	5	1	9	7	6	4
7	5	1	4	6	3	2	8	9
4	6	9	7	2	8	1	3	5

58

9	6	2	8	3	7	4	1	5
8	3	4	6	5	1	7	2	9
5	1	7	9	2	4	3	6	8
6	2	8	5	1	3	9	7	4
4	9	5	2	7	6	8	3	1
1	7	3	4	9	8	2	5	6
2	8	6	7	4	5	1	9	3
7	5	1	3	8	9	6	4	2
3	4	9	1	6	2	5	8	7

59

8	7	4	5	3	1	6	2	9
3	2	1	6	7	9	5	8	4
9	6	5	8	4	2	1	7	3
6	4	3	9	2	7	8	1	5
7	1	8	4	5	6	9	3	2
2	5	9	1	8	3	7	4	6
5	3	7	2	6	8	4	9	1
1	8	6	3	9	4	2	5	7
4	9	2	7	1	5	3	6	8

60

4	3	2	8	9	7	1	6	5
5	8	1	2	6	4	3	9	7
7	9	6	3	1	5	4	2	8
1	5	4	6	7	8	9	3	2
9	6	8	4	3	2	7	5	1
3	2	7	1	5	9	8	4	6
8	7	5	9	4	6	2	1	3
6	1	9	7	2	3	5	8	4
2	4	3	5	8	1	6	7	9

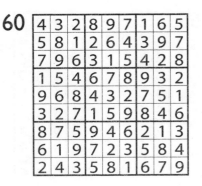

61

2	9	8	3	1	5	6	7	4
6	3	5	7	9	4	1	2	8
1	4	7	2	8	6	3	5	9
4	1	6	9	3	7	2	8	5
3	5	2	6	4	8	9	1	7
8	7	9	5	2	1	4	6	3
5	2	1	4	7	3	8	9	6
7	8	4	1	6	9	5	3	2
9	6	3	8	5	2	7	4	1

62

8	7	1	4	9	5	6	3	2
3	9	2	1	6	7	5	8	4
6	4	5	8	3	2	9	7	1
4	5	8	2	1	6	3	9	7
2	1	9	7	8	3	4	6	5
7	6	3	9	5	4	2	1	8
5	8	7	6	2	9	1	4	3
9	3	4	5	7	1	8	2	6
1	2	6	3	4	8	7	5	9

63

6	1	4	2	7	8	9	5	3
9	3	8	5	4	1	7	6	2
2	5	7	3	6	9	4	8	1
1	2	5	6	3	7	8	4	9
3	7	9	8	2	4	5	1	6
4	8	6	9	1	5	2	3	7
5	4	2	1	9	3	6	7	8
8	6	1	7	5	2	3	9	4
7	9	3	4	8	6	1	2	5

64

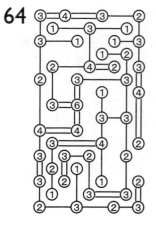

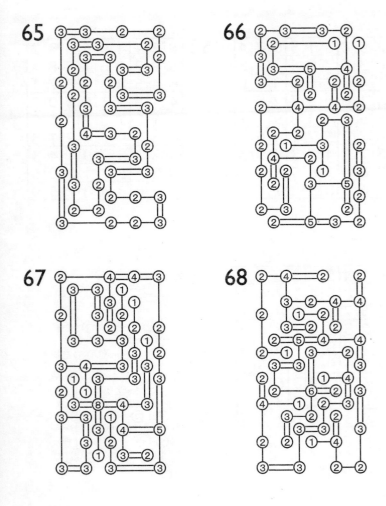

69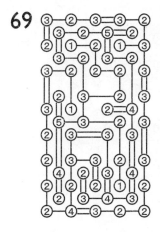

70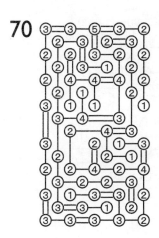

71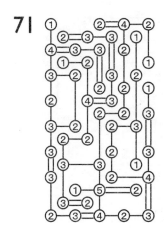

72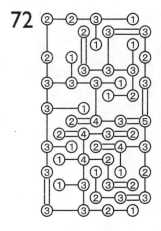

73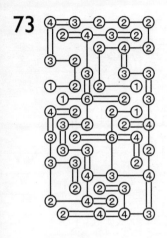

74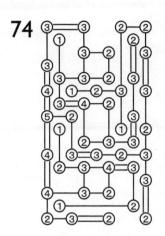

75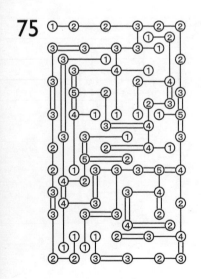

76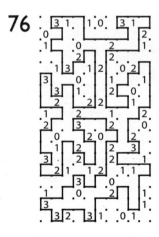

77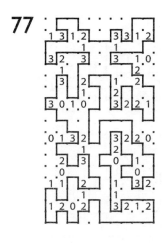

78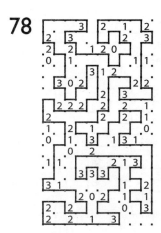

79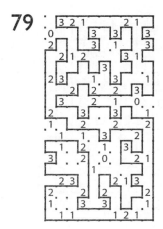

80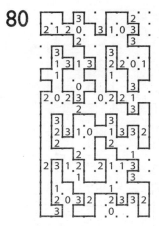

81

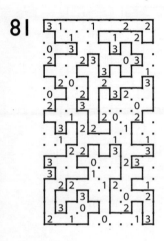

82

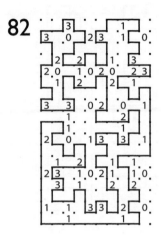

83

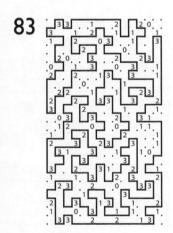

84

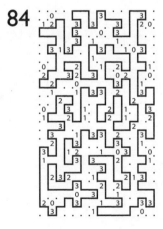

85

86

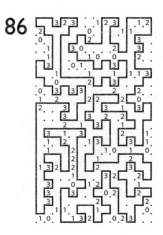

87

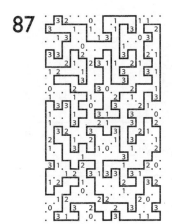

Difficult Puzzles

88

9	8	5	3	1	4	2	6	7
6	3	1	7	2	5	9	4	8
7	4	2	8	9	6	1	5	3
8	7	3	9	5	2	6	1	4
4	2	9	1	6	3	8	7	5
5	1	6	4	8	7	3	9	2
2	5	4	6	3	9	7	8	1
1	9	7	2	4	8	5	3	6
3	6	8	5	7	1	4	2	9

89

6	4	3	9	5	7	2	8	1
8	5	2	4	3	1	6	9	7
9	1	7	8	6	2	5	3	4
2	8	9	1	7	3	4	5	6
5	3	1	2	4	6	9	7	8
4	7	6	5	9	8	3	1	2
7	9	5	6	8	4	1	2	3
3	2	4	7	1	9	8	6	5
1	6	8	3	2	5	7	4	9

90

6	4	9	2	5	1	7	8	3
5	1	8	4	7	3	9	6	2
3	7	2	9	8	6	1	4	5
8	2	4	6	1	7	3	5	9
7	6	3	5	4	9	2	1	8
1	9	5	3	2	8	6	7	4
2	5	6	1	3	4	8	9	7
9	3	7	8	6	5	4	2	1
4	8	1	7	9	2	5	3	6

91

3	1	9	6	7	5	8	4	2
5	8	2	3	9	4	6	7	1
6	7	4	2	1	8	9	3	5
4	6	7	5	2	9	1	8	3
1	2	3	7	8	6	4	5	9
8	9	5	4	3	1	2	6	7
9	3	1	8	4	7	5	2	6
2	4	6	1	5	3	7	9	8
7	5	8	9	6	2	3	1	4

92

7	3	5	9	2	1	4	8	6
6	1	4	5	7	8	2	9	3
9	8	2	6	4	3	5	7	1
4	9	6	1	5	2	8	3	7
3	5	1	7	8	6	9	4	2
8	2	7	3	9	4	6	1	5
2	6	9	8	1	7	3	5	4
5	7	3	4	6	9	1	2	8
1	4	8	2	3	5	7	6	9

93

6	5	7	1	2	3	4	9	8
1	9	4	5	6	8	3	7	2
2	3	8	7	9	4	5	1	6
5	8	1	6	3	2	7	4	9
9	4	2	8	7	5	1	6	3
3	7	6	4	1	9	8	2	5
4	2	9	3	8	7	6	5	1
8	1	5	9	4	6	2	3	7
7	6	3	2	5	1	9	8	4

94

3	4	2	7	9	1	5	6	8
7	5	9	6	8	2	3	1	4
6	1	8	3	4	5	2	9	7
4	6	1	2	5	3	8	7	9
9	7	5	8	6	4	1	3	2
8	2	3	1	7	9	6	4	5
2	9	7	5	3	6	4	8	1
5	8	6	4	1	7	9	2	3
1	3	4	9	2	8	7	5	6

95

9	8	7	3	1	2	5	6	4
4	1	2	9	5	6	7	3	8
5	6	3	7	8	4	2	1	9
1	9	6	2	7	8	4	5	3
8	2	4	6	3	5	9	7	1
7	3	5	4	9	1	8	2	6
6	7	9	5	4	3	1	8	2
3	4	1	8	2	7	6	9	5
2	5	8	1	6	9	3	4	7

96

2	4	1	9	8	7	3	5	6
8	5	9	3	4	6	2	7	1
7	6	3	5	2	1	8	4	9
3	8	7	4	6	2	9	1	5
5	9	2	1	7	3	4	6	8
4	1	6	8	9	5	7	2	3
1	2	8	6	3	4	5	9	7
6	3	4	7	5	9	1	8	2
9	7	5	2	1	8	6	3	4

97

8	6	1	2	3	9	5	7	4
4	9	7	6	1	5	8	2	3
5	3	2	8	4	7	9	6	1
9	1	3	5	6	2	4	8	7
6	7	5	4	8	3	2	1	9
2	8	4	9	7	1	6	3	5
1	4	6	3	5	8	7	9	2
7	2	8	1	9	4	3	5	6
3	5	9	7	2	6	1	4	8

98

9	7	6	8	4	1	5	2	3
8	5	4	3	2	7	9	6	1
2	1	3	5	9	6	8	4	7
6	4	5	1	3	9	7	8	2
1	9	7	4	8	2	3	5	6
3	2	8	7	6	5	1	9	4
5	6	2	9	7	3	4	1	8
4	3	1	2	5	8	6	7	9
7	8	9	6	1	4	2	3	5

99

4	6	2	8	1	7	9	5	3
1	8	9	2	5	3	7	6	4
7	3	5	6	9	4	1	2	8
8	4	7	5	3	1	6	9	2
5	9	3	7	6	2	4	8	1
6	2	1	9	4	8	5	3	7
9	1	4	3	8	6	2	7	5
3	7	6	1	2	5	8	4	9
2	5	8	4	7	9	3	1	6

100

9	6	1	4	2	5	7	3	8
7	5	2	3	8	6	4	9	1
4	3	8	9	7	1	6	5	2
5	4	3	8	9	2	1	6	7
8	7	9	6	1	3	5	2	4
2	1	6	7	5	4	3	8	9
1	8	4	5	3	9	2	7	6
6	9	5	2	4	7	8	1	3
3	2	7	1	6	8	9	4	5

101

8	6	9	2	4	3	1	5	7
3	5	7	6	1	9	4	8	2
2	4	1	8	7	5	3	6	9
4	9	8	1	3	2	6	7	5
7	1	3	5	8	6	9	2	4
6	2	5	7	9	4	8	3	1
1	7	6	4	2	8	5	9	3
9	8	4	3	5	7	2	1	6
5	3	2	9	6	1	7	4	8

102

1	9	8	7	4	2	6	5	3
7	2	4	3	6	5	1	9	8
6	5	3	8	9	1	4	7	2
9	1	2	4	7	8	5	3	6
4	7	6	9	5	3	8	2	1
3	8	5	2	1	6	9	4	7
2	3	9	6	8	4	7	1	5
5	6	7	1	2	9	3	8	4
8	4	1	5	3	7	2	6	9

103

7	8	2	6	4	9	1	3	5
6	5	3	7	1	2	8	9	4
9	4	1	3	5	8	6	7	2
5	3	6	4	8	7	2	1	9
2	9	8	5	6	1	3	4	7
4	1	7	2	9	3	5	8	6
3	7	9	8	2	6	4	5	1
1	6	4	9	3	5	7	2	8
8	2	5	1	7	4	9	6	3

104

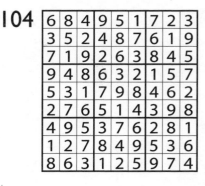

6	8	4	9	5	1	7	2	3
3	5	2	4	8	7	6	1	9
7	1	9	2	6	3	8	4	5
9	4	8	6	3	2	1	5	7
5	3	1	7	9	8	4	6	2
2	7	6	5	1	4	3	9	8
4	9	5	3	7	6	2	8	1
1	2	7	8	4	9	5	3	6
8	6	3	1	2	5	9	7	4

105

7	5	4	1	2	3	9	6	8
2	3	1	6	9	8	5	7	4
8	6	9	4	7	5	2	1	3
6	1	5	9	3	2	8	4	7
3	9	7	8	6	4	1	5	2
4	2	8	5	1	7	3	9	6
5	8	6	3	4	1	7	2	9
9	7	3	2	5	6	4	8	1
1	4	2	7	8	9	6	3	5

106

6	7	9	4	2	5	3	8	1
3	2	4	8	9	1	7	6	5
1	8	5	7	3	6	9	4	2
7	1	8	3	5	4	6	2	9
5	6	3	9	1	2	4	7	8
9	4	2	6	8	7	1	5	3
8	3	7	5	4	9	2	1	6
4	9	1	2	6	8	5	3	7
2	5	6	1	7	3	8	9	4

107

5	9	1	2	8	4	3	6	7
6	4	2	3	5	7	9	1	8
8	3	7	9	6	1	4	2	5
4	7	5	8	2	6	1	9	3
3	6	9	7	1	5	8	4	2
1	2	8	4	3	9	7	5	6
7	5	6	1	9	8	2	3	4
9	8	3	5	4	2	6	7	1
2	1	4	6	7	3	5	8	9

108

2	4	5	7	1	9	6	3	8
3	7	9	2	8	6	5	4	1
6	8	1	3	5	4	7	9	2
9	1	7	8	4	2	3	5	6
4	6	2	5	7	3	1	8	9
5	3	8	9	6	1	4	2	7
8	5	6	4	2	7	9	1	3
7	9	4	1	3	8	2	6	5
1	2	3	6	9	5	8	7	4

109

4	6	1	7	2	3	8	5	9
3	9	7	8	1	5	4	6	2
8	2	5	6	9	4	7	1	3
9	4	8	3	5	1	2	7	6
2	7	3	9	4	6	1	8	5
5	1	6	2	8	7	9	3	4
1	3	9	4	6	8	5	2	7
7	5	4	1	3	2	6	9	8
6	8	2	5	7	9	3	4	1

110

7	2	9	8	3	4	5	1	6
1	3	4	5	2	6	9	8	7
6	5	8	1	7	9	4	3	2
4	1	5	2	8	7	6	9	3
8	9	2	6	5	3	7	4	1
3	6	7	4	9	1	2	5	8
2	4	6	3	1	5	8	7	9
5	7	3	9	6	8	1	2	4
9	8	1	7	4	2	3	6	5

111

5	9	3	7	6	2	8	1	4
2	6	8	4	3	1	5	7	9
7	1	4	9	8	5	2	3	6
3	2	6	8	5	9	1	4	7
1	8	7	3	2	4	9	6	5
4	5	9	1	7	6	3	2	8
9	4	2	6	1	8	7	5	3
8	3	5	2	4	7	6	9	1
6	7	1	5	9	3	4	8	2

112

3	1	7	8	2	4	6	5	9
9	6	4	1	5	3	7	8	2
2	5	8	9	7	6	3	4	1
5	4	6	3	8	2	9	1	7
1	8	2	4	9	7	5	6	3
7	3	9	6	1	5	4	2	8
4	9	5	2	3	8	1	7	6
6	2	3	7	4	1	8	9	5
8	7	1	5	6	9	2	3	4

113

5	9	1	3	8	7	6	4	2
2	6	4	1	9	5	8	3	7
3	7	8	2	6	4	1	5	9
7	8	2	9	5	6	3	1	4
6	5	3	4	7	1	2	9	8
4	1	9	8	2	3	7	6	5
9	4	7	6	3	8	5	2	1
1	3	5	7	4	2	9	8	6
8	2	6	5	1	9	4	7	3

114

5	4	3	9	1	8	7	6	2
9	2	7	4	3	6	1	8	5
1	8	6	2	5	7	3	4	9
4	9	5	6	7	2	8	1	3
3	6	8	1	4	9	2	5	7
2	7	1	5	8	3	4	9	6
6	1	9	7	2	4	5	3	8
8	5	2	3	6	1	9	7	4
7	3	4	8	9	5	6	2	1

115

6	4	3	1	8	9	2	7	5
1	9	7	5	2	6	8	3	4
2	5	8	7	4	3	6	9	1
3	7	1	6	5	2	4	8	9
9	2	6	4	7	8	1	5	3
4	8	5	3	9	1	7	2	6
8	3	2	9	6	4	5	1	7
7	1	4	8	3	5	9	6	2
5	6	9	2	1	7	3	4	8

116

1	8	4	7	2	3	9	5	6
2	9	6	5	4	1	7	8	3
3	7	5	8	9	6	4	1	2
5	4	1	2	3	8	6	7	9
8	6	3	9	1	7	5	2	4
7	2	9	4	6	5	1	3	8
6	1	8	3	7	9	2	4	5
9	5	2	1	8	4	3	6	7
4	3	7	6	5	2	8	9	1

117

6	4	3	9	7	1	2	8	5
1	7	9	8	2	5	3	4	6
8	5	2	3	4	6	1	7	9
7	1	5	4	3	8	9	6	2
3	6	8	2	5	9	4	1	7
9	2	4	6	1	7	8	5	3
5	3	1	7	8	2	6	9	4
2	9	7	1	6	4	5	3	8
4	8	6	5	9	3	7	2	1

118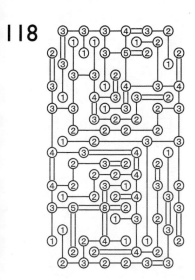

119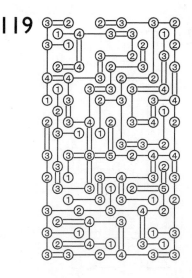

120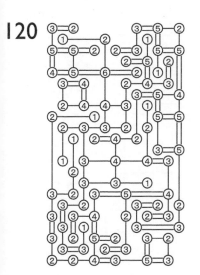

121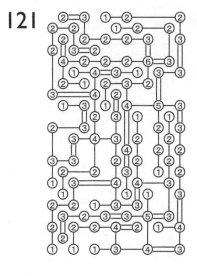

122

123

124

125

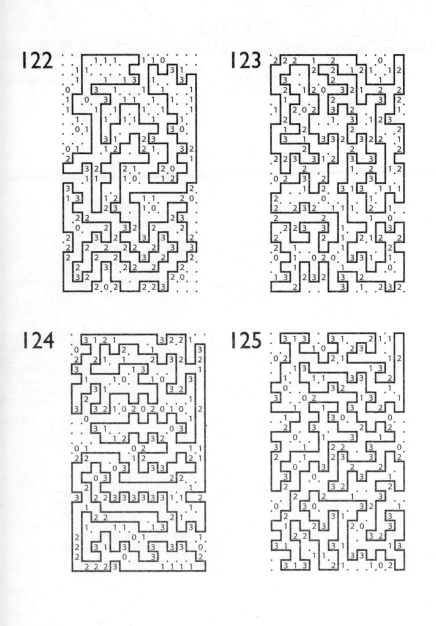

THE WORLD'S BEST SUDOKU MAGAZINE

Sudoku puzzles first appeared in Japan, about twenty years ago, in magazines and books published by Nikoli. Their puzzles are all hand-made.

With hand-made puzzles, there's a sense of communication between solver and author. Good authors always consider the solver. Indeed, the solving process is an author's chief concern. Our Sudoku puzzles are always created with a structured plan in mind, to guarantee enjoyment throughout the solving process. The solver will be continually surprised and delighted by the variety of

techniques that must be employed in order to solve the puzzles.

The solver's enjoyment is of paramount importance. We are concerned that the proliferation of poor-quality, computer-generated Sudoku puzzles – which take no account of solvers – will overwhelm us all, and that the joy of pure Sudoku will be lost for ever.

This is the only magazine to publish only hand-made puzzles, and the only place where you can enjoy the craft and elegance that underpins the world's best Sudoku puzzles.

Other bewildering brainteasers in the Puzzler range:

Sudoku
1 84442 299 2
£6.99

**Puzzler
Crosswords**
1 84442 579 7
£5.99

**Puzzler
Classic Puzzles**
1 84442 580 0
£5.99

**Puzzler
Code Crackers**
1 84442 582 7
£5.99

**Puzzler Quick
Puzzles**
1 84442 581 9
£5.99

Available
from all good
bookshops.